Ruf zum Sport

Auf, ihr steifen und verdorrten
Leute aus Büros,
Reißt euch mal zum Wintersporten
Von den Öfen los.

Bleiches Volk an Wirtshaustischen,
Stellt die Gläser fort.
Widme dich dem freien, frischen,
Frohen Wintersport.

Denn er führt ins lodenfreie
Gletscherfexlertum
Und bedeckt uns nach der Reihe
All mit Schnee und Ruhm.

Doch nicht nur der Sport im Winter,
Jeder Sport ist plus,
Und mit etwas Geist dahinter
Wird er zum Genuss.

Sport macht Schwache selbstbewusster,
Dicke dünn, und macht
Dünne hinterher robuster,
Gleichsam über Nacht.

Sport stärkt Arme, Rumpf und Beine,
Kürzt die öde Zeit,
Und er schützt uns durch Vereine
Vor der Einsamkeit.

Nimmt den Lungen die verbrauchte
Luft, gibt Appetit;
Was uns wieder ins verrauchte
Treue Wirtshaus zieht.

Wo man dann die sporttrainierten
Muskeln trotzig hebt
Und fortan in Illustrierten
Blättern weiterlebt.

Bist du nie durch verschneite Nächte gegangen?

Bist du nie durch verschneite Nächte gegangen,
Durch Wald, über Land,
Allein mit dem Stock in deiner Hand?

Du bist es und bist es mit heiligem Bangen.
Wo zitternde Äste, eisig behangen,
Dir eine Kirchenstunde gaben,
Ist dein Lachen gestorben.
Da hast du dein Bestes, unverdorben,
Aus deinen tiefsten Tiefen gegraben. – – –

Auf den weiten Feldern lag schwerer Schnee.
Du schienst dir, verschollen auf hoher See,
Den menschlichen Küsten fern zu sein.
Stille lag über dem Schnee. – – –
Du warst allein, allein – ganz allein.
Flimmernde Flämmchen sahst du fliegen.

Hast du nicht viel gedacht?
Ist nicht dein Blick emporgestiegen
In die wunderdurchfunkelte Nacht,
Bis ihn unendliche Weite verwirrt?
Und ein Schatten lief still mit dir um die Wette.
Und der Schatten hat mit der endlosen Kette
Ewiger Fragen geklirrt.

Du hast dich bezwungen.
Du hast vielleicht deinen Stock geschwungen,
Du hast vielleicht ein Liedchen gesungen,
Aber das Liedchen klang nicht wie Hohn
Und du darfst es bekennen:
Du bist voll Angst vor dem grausen Schatten geflohn,
Den wir Wahnsinn nennen.

Vorfreude auf Weihnachten

4. DEZEMBER

Ein Kind – von einem Schiefertafel-Schwämmchen
Umhupft – rennt froh durch mein Gemüt.
Bald ist es Weihnacht! – Wenn der Christbaum blüht.
Dann blüht er Flämmchen.
Und Flämmchen heizen. Und die Wärme stimmt
Uns mild. – Es werden Lieder, Düfte fächeln –
Wer nicht mehr Flämmchen hat,
Wem nur noch Fünkchen glimmt,
Wird dann noch gütig lächeln.
Wenn wir im Traume eines ewigen Traumes
Alle unterdlich sind – einmal im Jahr! –
Uns alle Kinder fühlen eines Baumes
Wie es sein soll, wie's allen einmal war.

Ein Herz laviert nicht

Ich nenne keine Freundschaft heiß,
Die niemals, wenn's ihr unbequem,
Den Freund zu überraschen weiß
Trotzdem.

Denn wenn sie Zeit und Mühe scheut,
Ein Unverhofft zu bringen,
Das einen Freund unendlich freut,
Dann hat sie keine Schwingen.

Den Umfang einer Wolke misst
Kein Mensch. Weil sie nicht rastet,
Noch ihre Freiheit je vergisst. –
Ich glaube: Keine Wolke ist
Mit Arbeit überlastet.

Es lohnt sich doch

Es lohnt sich doch, ein wenig lieb zu sein
Und alles auf das Einfachste zu schrauben.
Und es ist gar nicht Großmut zu verzeih'n,
Dass andere ganz anders als wir glauben.

Und stimmte es, dass Leidenschaft Natur
Bedeutete im Guten und im Bösen,
ist doch ein Knoten in dem Schuhband nur
Mit Ruhe und mit Liebe aufzulösen.

6. DEZEMBER

7. DEZEMBER

Die Bitte um Verzeihung

Es schneidet mir deine Bitte
„Verzeihe mir", ins Herz hinein.
Dass ich viel lieber durchlitte
Das, was verziehen will sein.

Und möchte selber nicht missen
Die Liebe, die mein Falschtun rügt.
Weil eins von zwei Gewissen
Uns beiden doch nicht genügt.

Verziehen ist. – Verzeihe
Nun du! Du hast zu viel geweint.
Und segeln wir fromm ins Freie.
Da wieder die Sonne scheint.

Geradewegs

Was in uns lebt, soll immer in uns leben,
Wenn's gut ist,
Was immer sich auch mag begeben
Und wie auch immer uns zumut ist.

Natürlich kommt's, dass wir zuweilen entgleisen.
Dann kann kein Eigensinn das heilen.
Doch schon mit einem versuchsweisen,
Reuigen Lächelchen
Flickst du
Das eingerissene Löchelchen
Wieder zu.

Es schneit

Es schneit dicke Flocken,
Nicht warm, aber frisch gebacken.
Die setzen sich in meine Dichterlocken,
In meinen Schiebernacken,
Auf meine Smoking-Socken.

Sie machen den Polizisten
Gemütlich zum Weihnachtsmann.
Da legen die Touristen
Ihre Polarausrüstung an.

Wir wollen uns alle zusammentun,
Um den Beschluß zu fassen:
Es dürfen alle Sachsen von nun
An nicht mehr ihr Land verlassen.

Sie querten mit wilder Behaglichkeit
Karlmayisch gedachte Fernen
Und blieben Sachsen. Es wird für sie Zeit,
Sich selbst erst mal kennenzulernen.
Es schneit.

Stille Straße

Nachts. – Straße. – Fragen Sie nicht wo und wann.
Auch gleich vorausgesagt, dass nichts geschah. –
Da stand ein unscheinbarer, älterer Mann,
Der unverwandt nach einem Fenster sah.

Vielleicht war er – ich hatte leider Zeit –
Ein Lump, ein Trunkner oder ein Idiot –
Doch es schlägt niemals eine Möglichkeit
Die andre tot.

Wenn solch ein Anblick uns sechs-, siebenmal
Um einen Häuserblock spazierentreibt,
Zu sehen, wie der Mann dort stehenbleibt;
Vielleicht sind wir dann nur sentimental.
Aber dem Einsamen ist Stilles nah,
Wenn er das Laute nicht bezahlen kann. –

Da stand ein unscheinbarer, älterer Mann,
Der unverwandt nach einem Fenster sah.

Stille Winterstraße

Es heben sich vernebelt braun
Die Berge aus dem klaren Weiß,
Und aus dem Weiß ragt braun ein Zaun,
Steht eine Stange wie ein Steiß.

Ein Rabe fliegt, so schwarz und scharf,
Wie ihn kein Maler malen darf,
Wenn er's nicht etwa kann.
Ich stapfe einsam durch den Schnee,
Vielleicht steht links im Busch ein Reh
Und denkt: Dort geht ein Mann.

Wir hatten ein Schaukelpferd vorher gekauft.
Aber nachher kam gar kein Kind.
Darum hatten wir damals das Pferd dann Bubi getauft. –

Weil nun die Holzpreise so unerschwinglich sind;
Und ich nun doch schon seit Donnerstag
Nicht mehr angestellt bin, weil ich nicht mehr mag;
Haben wir's eingeteilt. Und zwar:
Die Schaukel selbst für November,
Kopf und Beine Dezember,
Rumpf mit Sattel für Januar.

Ich gehe nie wieder in die Fabrik.
Ich habe das Regelmäßige dick.
Da geht das Künstlerische darüber abhanden.
Wenn die auch jede Woche bezahlen,
Aber nur immer Girlanden und wieder Girlanden
Auf Spucknäpfe malen,
Die sich die Leute doch nie begucken,
Im Gegenteil noch draufspucken, – –
Das bringt ja ein Pferd auf den Hund.

Draußen schneit's

Als freier Künstler kann ich bis mittags liegen
Bleiben. – Na und die Frau ist gesund.
Es wird sich schon was finden, um Geld beizukriegen.
Anna und ich haben vorläufig nun
Erst mal genug mit dem Bubi zu tun.
Rumpf zersägen, Beine rausdrehn,
Nägel rausreißen, Fell abschälen.
Darüber können Wochen vergehn.
Das will auch gelernt und verstanden sein,
Sonst kann man sich daran zu Tode quälen.
Solches Holz ist härter als Stein.
Dann spalten und Späne zum Anzünden schneiden
Und tausenderlei.
Aber das tut uns gut, uns beiden,
Sich mal so körperlich auszuschwitzen.

Außerdem kann man ja dabei
Ganz bequem auf dem Sofa sitzen;
Raucht seine Pfeife, trinkt seinen Tee,

Und vor allem: Man ist eben frei!
Man hat sein eigenes Atelier.
Man hat seinen eigenen Herd;
Da wird ein Feuerchen angemacht –

Mit Bubipferd –,
Dass die Esse kracht.
Und die Anna singt und die Anna lacht.
Da können wir nach Belieben
Die Arbeit auf später verschieben.

Denn wenn man das Gas uns sperren lässt
Oder kein Bier ohne Bargeld mehr gibt,
Dann kriechen wir gleich nach Mittag ins Nest
Und schlafen, solange es uns beliebt.

Freilich: Der feste Lohn fällt nun fort,
Aber die Freiheit ist auch was wert.
Und das mit dem Schaukelpferd
Ist jetzt unser Wintersport.

Wünsche

Was wir in kläglicher Naivität
Uns wünschen, das greift unverschämt zurück
Und kommt zu spät.

Wer erntet jemals wohl ein Glück,
Das er nur fett gedüngt, doch nie gesät.

Es treiben hohle Wünsche leeres Spiel,
Es finden dumme Wünsche dummes Ziel.
Es wünscht sich Müdigkeit ins Ungefähre:
„Ach wenn es doch nun bald zu Ende wäre."
Und Rührendes, was niemals ausgesprochen,
Vermodert unerkannt in Fleisch und Knochen.

Jetzt – (da ein Abendessen sich vollzieht) –
Wünsch ich den andern „guten Appetit"!

Und auf einmal
steht es neben dir

14. DEZEMBER

Und auf einmal merkst du äußerlich:
Wieviel Kummer zu dir kam,
Wieviel Freundschaft leise von dir wich,
Alles Lachen von dir nahm.

Fragst verwundert in die Tage.
Doch die Tage hallen leer.
Dann verkümmert deine Klage …
Du fragst niemanden mehr.

Lernst es endlich, dich zu fügen,
Von den Sorgen gezähmt.
Willst dich selber nicht belügen
Und erstickst es, was dich grämt.

Sinnlos, arm erscheint das Leben dir,
Längst zu lang ausgedehnt. – –
Und auf einmal – –: Steht es neben dir,
An dich angelohnt – –
Was?
Das, was du so lang ersehnt.

Wenn wir im Mildsein

Wenn wir im Mildsein, konträre Leben
Nachzuerleben, uns ernstlich bestreben,
Dann werden wir wanken
Und werden – jeder nach seinem Verstand
Mit rechter oder mit linkischer Hand –
Etwas hergeben und danken.

Traurig geworden im Denken,
Traurig ohne Woher.
Als könnte mir niemand mehr
Etwas schenken.
Kann selbst doch niemandem mehr
Etwas schenken.
Nicht daher – ich weiß nicht, woher –
Kommt mir das traurige Denken.
Es pickt eine Krähe im Schnee.
Vergraben im Schweigen
Hängt gramvoll ein winzig Wehweh
Unter rauschenden Zweigen.

Traurig geworden

Lebhafte Winterstraße

Es gehen Menschen vor mir hin
Und gehen mir vorbei, und keiner
Davon ist so, wie ich es bin.
Es blickt ein jedes so nach seiner
Gegebenen Art in seine Welt.
Wer hat die Menschen so entstellt?
Ich sehe sie getrieben treiben.
Warum sie wohl nie stehenbleiben,
Zu sehen, was nach ihnen sieht?
Warum der Mensch vorm Menschen flieht?
Und eine weiße Weite Schnee
Verdeckt sich unter ihren Füßen.
So viele Menschen. Mir ist weh:
Keinen von ihnen darf ich grüßen.

An meine Kollegen

Liebe Freunde, wenn wir weiterreisen
Wie bisher auf redlichen Geleisen,
Dass die Freundschaft uns am höchsten steht,
Ach, dann werden wir etwas erleben, –
Was auch immer sich begeben
Mag – etwas, was nie vergeht.

Jeder soll sein Schlechtes unterdrücken.
Jeder soll sich für den andern bücken.
Achtmal Freude minus achtmal Leid.
Jeder sorge, dass er nichts bereue.
Denn fürs Alter sammeln wir das Neue. –

Und ich dank euch, dass ihr mit mir seid.

So ist es uns ergangen

(1933)

So ist es uns ergangen.
Vergiss es nicht in bessrer Zeit! –
Aber Vöglein singen und sangen,
Und dein Herz sei endlos weit.

Vergiss es nicht! Nur damit du lernst
Zu dem seltsamen Rätsel „Geschick". –
Warum wird, je weiter du dich entfernst,
Desto größer der Blick?

Der Tod geht stolz spazieren.
Doch Sterben ist nur Zeitverlust. –
Dir hängt ein Herz in deiner Brust,
Das darfst du nie verlieren.

Weihnachten

Liebeläutend zieht durch Kerzenhelle,
Mild, wie Wälderduft, die Weihnachtszeit,
Und ein schlichtes Glück streut auf die Schwelle
Schöne Blumen der Vergangenheit.

Hand schmiegt sich an Hand im engen Kreise,
Und das alte Lied von Gott und Christ
Bebt durch Seelen und verkündet leise,
Dass die kleinste Welt die Größte ist.

Der Weihnachtsbaum

Es ist eine Kälte, dass Gott erbarm!
Klagte die alte Linde,
Bog sich knarrend im Winde
Und klopfte leise mit knorrigem Arm
Im Flockentreiben
An die Fensterscheiben.
Es ist eine Kälte! Dass Gott erbarm!
Drinnen im Zimmer war's warm.
Da tanzte der Feuerschein so nett
Auf dem weißen Kachelofen Ballett.
Zwei Bratäpfel in der Röhre belauschten,
Wie die glühenden Kohlen
Behaglich verstohlen
Kobold- und Geistergeschichten tauschten.
Dicht am Fenster im kleinen Raum,
Da stand, behangen mit süßem Konfekt,
Vergoldeten Nüssen und mit Lichtern besteckt,
Der Weihnachtsbaum.
Und sie brannten alle, die vielen Lichter,
Aber noch heller strahlten am Tisch
(Es lässt sich wohl denken
Bei den vielen Geschenken)
Drei blühende, glühende Kindergesichter. –

Im Schaukelstuhl lehnte der Herzenspapa
Auf dem nagelneuen Kissen und sah
Über ein Buch hinweg auf die liebe Mama,
Auf die Kinderfreude und auf den Baum.
Schade, nur schade,
Er bemerkte es kaum,
Wie schnurgerade
Die Bleisoldaten auf dem Baukasten standen
Und wie schnell die Pfefferkuchen verschwanden.
– Und die liebste Mama? – Sie saß am Klavier.
Es war so schön, was sie spielte und sang,
Ein Weihnachtslied, das zu Herzen drang.
Lautlos horchten die andern Vier.
Der Kuckuck trat vor aus der Schwarzwalduhr,
Als ob auch ihm die Weise gefiel. –
Leise, ergreifend verhallte das Spiel.
Das Eis an den Fensterscheiben taute
Und der Tannenbaum schaute
Durchs Fenster die Linde
Da draußen, kahl und beschneit
Mit ihrer geborstenen Rinde.
Da dachte er an verflossene Zeit
Und an eine andere Linde,

Das war ein Geflimmer
Im Kerzenschimmer!
Es lag ein so lieblicher Duft in der Luft
Nach Nadelwald, Äpfeln und heißem Wachs.
Tatti, der dicke Dachs,
Schlief auf dem Sofa und stöhnte behaglich.
Er träumte lebhaft, wovon, war fraglich,
Aber ganz sicher war es indessen,
Er hatte sich schon (die Uhr war erst zehn),
Doch man musste's gestehn,
Es war ja zu sehn,
Er hatte sich furchtbar überfressen. –

Die am Waldesrand einst neben ihm stand,
Sie hatten in guten und schlechten Tagen
Einander immer so lieb gehabt.
Dann wurde die Tanne abgeschlagen,
Zusammengebunden und fortgetragen.
Die Linde, die Freundin, die ließ man stehn.
Auf Wiedersehn! Auf Wiedersehn!
So hatte sie damals gewinkt noch zuletzt. –
Ja, daran dachte der Weihnachtsbaum jetzt,
Und keiner sah es, wie traurig dann
Ein Tröpfchen Harz, eine stille Träne,
Aus seinem Stamme zu Boden rann.

An Weihnachtsabend

Ein armer Junge jammert im Bette:
„Ach, wenn ich doch auch einen Weihnachtsbaum hätte!"

Kaum hatte er diese Worte gesprochen,
Kommt mancherlei aus dem Ofen gekrochen:

Ein Schaukelpferd, Wagen und Bleisoldaten,
Eine Trommel, ein Buch, ein Kaufmannsladen,
Ein Eisenbahnzug und ein Reifenspiel,
Ein Luftschiff, ein Fahrrad, ein Automobil
Und Äpfel und Nüsse und Zuckerschaum
Und ganz zuletzt noch ein Weihnachtsbaum.
Die Engel im Himmel singen mit Macht
Das Festlied: Stille Nacht, heilige Nacht.

Ich wollte dir was dedizieren,
Nein schenken; was nicht zu viel kostet.
Aber was aus Blech ist, rostet,
Und die Messinggegenstände oxydieren.
Und was kosten soll es eben doch.
Denn aus Mühe mach ich extra noch
Was hinzu, auch kleine Witze.
Wär' bei dem, was ich besitze,
Etwas Altertümliches dabei – –
Doch was nützt dir eine Lanzenspitze!
An dem Bierkrug sind die beiden
Löwenköpfe schon entzwei.
Und den Buddha mag ich selber leiden.
Und du sammelst keine Schmetterlinge,
Die mein Freund aus China mitgebracht.

Nein – das Sofa und so große Dinge
Kommen überhaupt nicht in Betracht.
Außerdem gehören sie nicht mir.
Ach, ich hab' die ganze letzte Nacht
Rumgegrübelt, was ich dir
Geben könnte. Schlief deshalb nur eine,
Allerhöchstens zwei von sieben Stunden,
Und zum Schluss hab' ich doch nur dies kleine,
Lumpige beschissne Ding gefunden.
Aber gern hab ich für dich gewacht.
Was ich nicht vermochte, tu du's: Drücke du
Nun ein Auge zu.
Und bedenke,
Dass ich dir fünf Stunden Wache schenke.
Lass mich auch in Zukunft nicht in Ruh.

Einsiedlers Heiliger Abend

Ich hab' in den Weihnachtstagen —
Ich weiß auch, warum —
Mir selbst einen Christbaum geschlagen,
Der ist ganz verkrüppelt und krumm.

Ich bohrte ein Loch in die Diele
Und steckte ihn da hinein
Und stellt rings um ihn viele
Flaschen Burgunderwein.

Und zierte, um Baumschmuck und Lichter
zu sparen, ihn abends noch spät
Mit Löffeln, Gabeln und Trichter
Und anderem blanken Gerät.

Ich kochte zur heiligen Stunde
Mir Erbsensuppe mit Speck
Und gab meinem fröhlichen Hunde
Gulasch und fütt seinen Dreck.

Und sang aus burgundender Kehle
Das Pfannenflickerlied.
Und pries mit bewundernder Seele
Alles das, was ich mied.

Es glimmte petroleumbetrunken
Später der Lampendocht.
Ich saß in Gedanken versunken.
Da hat's an der Türe gepocht,

Und pochte wieder und wieder.
Es konnte das Christkind sein.
Und klang's nicht wie Weihnachtslieder?
Ich aber rief nicht: „Herein!"

Ich zog mich aus und ging leise
Zu Bett, ohne Angst, ohne Spott,
Und danke auf krumme Weise
lallend dem lieben Gott.

Freude

Freude soll nimmer schweigen.
Freude soll offen sich zeigen.
Freude soll lachen, glänzen und singen.
Freude soll danken ein Leben lang.
Freude soll dir die Seele durchschauern.
Freude soll weiterschwingen.
Freude soll dauern
Ein Leben lang.

Schenken

Schenke groß oder klein,
Aber immer gediegen.
Wenn die Bedachten
Die Gaben wiegen,
Sei dein Gewissen rein.

Schenke herzlich und frei:
Schenke dabei
Was in dir wohnt
An Meinung, Geschmack und Humor,
So dass die eigene Freude zuvor
Dich reichlich belohnt.

Schenke mit Geist ohne List.
Sei eingedenk,
Dass dein Geschenk
Du selber bist.

Erinnerung

27. DEZEMBER

Wenn dir Melodien
Liebe Stunden wiederbringen,
Lass mit freien Schwingen
Deine Sehnsucht ziehn.

Nimm das Glück wie einst,
Dass dir Träume gütig spinnen,
Lass die Tränen rinnen,
Wenn du weinst.

Birg nicht Lust noch Gram,
Nur der Reine fühlt aufs Neue,
Steht doch Herzenstreue
Über aller Scham.

Alles

Alles, was ich
in schlichten Feierstunden
Mit den wenigen, treuen Freunden empfunden,
Was sie von Herzen mir zum Herzen gaben,
Habe ich tief in meiner Seele begraben. –
Manchmal in weihevoll sinnender Dämmerzeit
Schleicht an das Grab die tröstende Einsamkeit,
Legt ein Sträußchen duftender Blüten nieder,
Flüstert ein Wort des Dankes und scheidet wieder.

Pssst!

Träume deine Träume in Ruh.
Wenn du niemandem mehr traust,
Schließe die Türen zu.
Auch deine Fenster,
Damit du nichts mehr schaust.
Sei still in deiner Stille.
Wie wenn dich niemand sieht.
Auch was dann geschieht,
ist nicht dein Wille.
Und im dunkelsten Schatten
Lies das Buch ohne Wort.
Was wir haben, was wir hatten,
Was wir – –
Eines Morgens ist alles fort.

Neujahrsnachtfahrt

Wenn du nachts in ein Auto steigst
Und dir ist bang und winterlich zumut,
Und du dem Chauffeur die Richtung zeigst,
Und sagst: „Sie fahren gut."

Wenn du so den Kopf des Wagenlenkers lenkst,
Dass er's gar nicht gewahrt,
Wie du traurig bist und an Sterben denkst, –
Das ist nächtliche Fahrt.

Draußen leuchtet Volk und lacht und schießt. –
Mitlächelnd denkst du fremdwärts still
An etwas, was du vom Flugzeug aus siehst,
An ein Flüsschen, das unter dir weit fließt
Sohin, dorthin, wo es muss; nicht will.

In der Neujahrsnacht

Die Kirchturmglocke schlägt zwölfmal Bumm.
Das alte Jahr ist wieder mal um.
Die Menschen können sich in den Gassen
Vor lauter Übermut gar nicht mehr fassen.
Sie singen und springen umher wie die Flöhe
Und werfen die Mützen in die Höhe.
Der Schornsteinfegergeselle Schwerzlich
Küsst Conditor Krause recht herzlich.
Der alte Gendarm brummt heute sogar
Ein freundliches: Prosit zum neuen Jahr.

Graa.Jensen

Der Glückwunsch

Ein Glückwunsch ging ins neue Jahr,
Ins Heute aus dem Gestern.
Man hörte ihn sylvestern.
Er war sich aber selbst nicht klar,
Wie eigentlich sein Hergang war
Und ob ihn die Vergangenheit
Bewegte oder neue Zeit.
Doch brachte er sich dar, und zwar
Undeutlich und verlegen.
Weil man ihn nicht so ganz verstand,
So drückte man sich froh die Hand
Und nahm ihn gern entgegen.

Was würden Sie tun, wenn Sie das neue Jahr regieren könnten?

Ich würde vor Aufregung wahrscheinlich
Die ersten Nächte schlaflos verbringen
Und darauf tagelang ängstlich und kleinlich
Ganz dumme, selbstsüchtige Pläne schwingen.

Dann – hoffentlich – aber laut lachen
Und endlich den lieben Gott abends leise
Bitten, doch wieder nach seiner Weise
Das neue Jahr göttlich selber zu machen.